उल्लास- हल्का आनंद
THE DARK SIDE

रितिक जागिड़

ISBN 979-888546445-1

sometimes we don't say, someone how much we love but when we want to say that person left us to soon,this book is for you didi

क्रम-सूची

क्रम-सूची

प्रस्तावना

श्री गणेशाय नमः

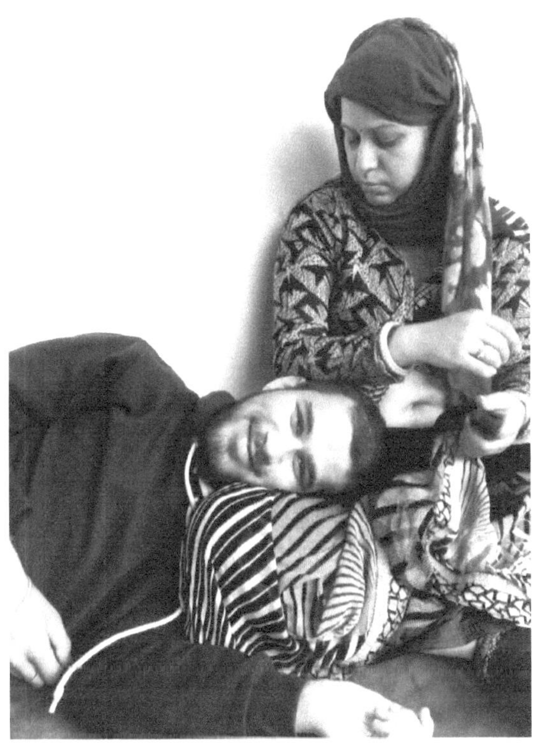

मां

"जिंदगी रंग की तरह है कभी गहरे रंग से तो कभी हल्के रंग से खुशी और दर्द मिलेंगे,

कुछ रंग जिंदगी में इस तहर से मिलते हैं, उनका दूर जाना संभव नहीं होता या खुद से दूर हम कुछ समय के बाद कर नहीं पाते,

सब अपने आप के रंग से दुसरो की छाया पर रंग डालते हैं,

कभी कभी रंग से ज्यादा बेरंग होना अच्छा होता है,
रात को देखा है बेरंग हो होते हुए भी चमकदार होती है,
उसका कोई रंग नहीं होता फिर भी चमकदार होती है,
उसके ऊपर कोई रंग नहीं होता,
फिर भी चमकदार होती है"

भूमिका

मैं हूँ रितिक जांगिड़,

इस पुस्तक मे मैं अपनी बात आपसे साझा करूंगा। यह किताब आपके दिल को छू सकती है। अगर तुम सच में सपनों के बारे में सोचोगे तो तुम आसमान में उड़ोगे। यह कोई विशेष पुस्तक नहीं है यह बहुत ही सरल पुस्तक है। मैं अंग्रेजी के बजाय हिंदी भाषा पसंद करता हूं।"यू तो बारिशों में हर कोई भीग जाता है पर उन बारिशो की बूँद को महसूस सिर्फ दिल करता है"तो चलिए शुरू करते हैं किताबमुझे आशा है की आप इसे पसंद करेंगअच्छा लगे तो प्रतिक्रिया शेयर करें

1. मां

"माँ तेरे बिन बोले सब कुछ सुन लूँगा मैं
तेरी आँखो से बातों को बुन लूँगा मैं
तेरे बिन बोले साथ चल लूँगा मैं
तेरे कदम के साथ कदम रख लूँगा मैं
माँ रातों में तेरे साथ जग लूँगा मैं
हर दर्द के साथ लड़ लूँगा मैं
कभी आंसू आये तो रो लूँगा मैं
तेरी गोद में सर रख के सो लूँगा मैं
साथ जो तुम हो मेरे खुले आसमानो में उड़ लूँगा मैं
ख़्वाबों का एक टुकड़ा जी लूँगा मैं...
माँ कभी ना दूर होना तुम् साँसो की तरह लगने लगे हो तुम
माँ तेरी उँगली पकड़ के चलता रहु कली बनके यूँही खिलता रहु "

2. मैं तो ठीक हो जाएगा...?

"मैं तो ठीक हो जाउंगा....................
तुम बस अपना ख्याल रखना
मेरी बातो का बुरा लगे बेहद सवाल करना...
कभी रूठ जाओ जो तुम ,तो अपनी आंखों से आसु मत गिरना
तुम से कहा तो नहीं,
पर मेरे हर वक्त में साथ तुम ज़रूर निभाना
अपनी आरजू को थोड़ा मुझे भी बनाना
बहोत सारी बात करना चाहता हूँ तुम से
तुम थोड़ा वक्त मेरे साथ भी बिताना
प्यार तो नहीं है तुम्हें ,पर कभी हमसे भी दर्द जताना
मैं तो ठीक हो जाऊँगा...................................
तुम बस अपना ख्याल रखना"

3. अधूरे लिखे है ,किताबों के पन्ने

"अधूरे लिखे है ,किताबों के पन्ने ..
अधूरे हैं सारे जहाँ के वो पन्ने ..
जिनमें लिखा है तेरा मेरा सारा जहाँ ...
ठहर -जा - ठहर जा किनारों पर रुक जा,
मंज़िल समझ के लहरो से लड़ जा,
होंगे अंधेरी रातों के खूबसूरत सवेरे
अभी लिखी कहा है ,वो बातें जिनमे होंगी तेरी मेरी मुलाक़ातें,
कही पर लिखे है कही पर है अधूरे प्यार के थे जो वो पल पूरे,
अभी तो कहानी आगाज होगा ....
स्याही बनके मेरा प्यार अधूरे पन्ने भरेगा
बनके मुसाफ़िर फिर यूँ चलेगा टुकड़ों में जो था वो अब बंधेगा
होगी मुकमल ये भी कहानी बिन बोले मेने सुनी थी जो कहानी"

4. कल्पनाओं का संसार

"नींद में वो सुकुन सा मिल जाता है जो कभी अपना नही हो सकता वो सपना दिख जाता है .....

धीरे धीरे हम खो जाते है नींदों में ख़्वाबों के मोती गुनगुनाते है ...

जिसे पाने चाहे उसे पा पाते है, नींदो में हम अपना वजूद खो पाते है

जो हम कभी हो नही सकते वो हो जाते है

किसी को प्यार करना किसी को अपना बनाना किसी को दर्द देना ,
ये सब हम सपनो में ही तो कर पाते है

रात में हम कल्पनाओं का संसार बना पाते है रिश्तों को भूल कर अपने आप को याद कर पाते हैं ....

फिर जब आँखे खुलती है नींदो की बेचेनी सताती है वो दर्द याद आते है ओर हमें फिर से निंद बुलाती है"

5. सब अच्छा सा है सब कुछ सच्चा सा है

"सब अच्छा सा है सब कुछ सच्चा सा है ....
लेकिन जब कभी बेठ जाते है अकेले बादलों की छाव के नीचे तब कुछ तन्हा सा लगता है ... ...
तब हाथ में चाय आये दिल में ख़्वाबों की राय हो , आँखो में . सपनो की परछाई हो .....
दिमाग़ में उसकी यादें कलियों की तरह खिल्ल रही हो ...
आसमान में पक्षीयों की सहनाई मेरे ख़्वबो को बुन रही हो ...
तब थोड़ा सच्चा लगता है .... ..
फिर हाथ में क़लम आए , बीते हुए वो पल लाए , आसमान में डूबते सवेरे छाँये ...
धड़कने उस पुल डगमगा रही थी , बारिशों की बूँद भी मेरी आँखो से आ रही थी
उस पल कुछ अधूरा लगता है ,जब सब पूरा लगता है"

6. ओस की बूँदे

* "मेरी आँखो से तेरी आँखे यूँ इस तरहा मिल चुकी है ....
* जेसे फूलो से ओस की बूँदे सुबह शाम मिलती रहती है..
* तेरी मेरी ख्वाहिशें , तेरी मेरी साजिसे , खुद में यूँ आ बसी है ..
* तेरे आसमान की किरण ,मेरी शामों में यूँ घुल चुकी है
* तेरी आँखे यूँ मेरी आँखो से इस तरहा मिल चुकी है . ..
* तू जो हर घड़ी , मेरी आँखो में शामो सुबह घुल चुकी है
* मेरी आँखो से तेरी आँखे यूँ इस तरहा मिल चुकी है"

7. थोड़ी दूर ओर चलना है

"तुम थक मत जाना अभी तो तुम्हें मेरे साथ थोड़ी दूर ओर चलना है

तुम थक मत जाना , तुम्हें सारी उम्र मेरा होके ही रहना है ...

तुम यूँ अपनी अदाओं से मुझे मत जलाना , मुझे तो तेरी आँखो के नीचे रहना है .....

अभी थोड़े वक्त के बाद तुम्हारी ज़ुल्फ़ों के नीचे मेरा बसेरा बनना है ...

अभी तो तुम्हें मेरे साथ थोड़ा वक्त ओर चलना है ..

मुझे सारी उम्र तेरा ही होके रहना है"

8. अपनी ज़ुल्फ़ों से चेहरे को ढके रहना

"अपनी ज़ुल्फ़ों से चेहरे को ढके रहना ....

अपनी आँखो के किनारों पर मोती बिछाए रखना •••

अपनी हवाओ से हमें आसमान में छुपाए रखना ....

धूप आने पर ज़ुल्फ़ों से छाव बनाए रखना ...

हमसे दूर जाने पर मोतियों को छिपाएँ रखना ...

है प्यार कितना हमें बताए रखना ....

अपनी ज़ुल्फ़ों को हस्ते हुए सवारे रखना ...

आदि रात में हमारे ख़्वाबों में आके हमें सताए रखना •••

टूटे दिल में अपनी जगह बनाए रखना ....

फिर भी अपनी ज़ुल्फ़ों से चेहरे को ढके रहना ...

हमसे कितना प्यार है , ये हमें बताए रखना"

9. तुम ज़रा जल्दी करना

"तुम ज़रा जल्दी करना ,में इंतज़ार कर रहा हू ...
तुम्हारी यादो के सपनो को अपने पास रख रहा हूँ .
तुम हर रोज़ अपने चेहरे पर मुस्कराहट रखना
तुम्हारे बिन बोले में अपना दिल तुम्हारे नाम कर रहा हूँ ...
हर रोज़ तुम मेरे ख्यालों में आना ,तुमसे मिलने का में हर रोज़
इंतज़ार कर रहा हूँ ...
तुम जरा जल्दी करना, में इंतज़ार कर रहा हूँ"

10. कुछ कहा नही उसने

कुछ कहा नही उसने.....
"कुछ कहा नही उसने मेने भी कुछ समझा नही.
उसकी आँखो में कुछ था , या मुझे कुछ दिखा नही ..
मैं तो उसको देखना चाहता था उसकी नज़रों ने मेरे दर्द को समझा नही

कुछ था नही , या कुछ होगा नही मुझे अभी तक समझा नही ,,,
वो मुझसे दूर चले गये मुझे पता ही नही
कुछ कहा नही उसने मेने भी कुछ समझा नही"

11. कल मेरा साथ छूटा था आपसे आज मुझमें कुछ छूटा है

"कभी अपने आप को खो कर पाने की कोशिश में हम बहुत दूर चले जाते है .....

फिर एक दिन सब सपना बन जाता है ,ना हम उस पल को जी पाते है , ना उस पल से बाहर आ पाते है ।

बस कुछ एहसास के चलते कदमों की आहट आस पास होती है ....

कुछ अधूरा होने पर भी धीरे धीरे सब पूरा लगने लगता है ...

आज भले ही दूर हूँ , फिर भी इस रात में सब अपना सा लगता है ...

फिर कुछ पल बाद सब खुली आँखो का सपना लगता है"

* कल मेरा साथ छूटा था..

आपसे आज मुझमें कुछ छूटा है *

12. कोई आये यूँ ,आंसू पोंछ जाये

"कोई आये यूँ ,
आंसू पोंछ जाये, दिल के दर्द का यूँ हाल पूछ जाये ...
सारी थकान एक पल में दूर हो जाए ..
जब कोई अपना हमदर्द बनके आए ..
आँखो की नमी सोख सी जाए ..
लंबों पे मुस्कान बनके कोई यूँ आए ..
वेसे है हम थोड़े अकेले ..
पर कभी कभी लगता है , कोई यूँ आये"

13. बेरुख़ी सी रातें है , बेरुख़ी सी बातें है

"बेरुख़ी सी रातें है , बेरुख़ी सी बातें है ...
बेरुख़ी सी उन बातो में प्यार के दो नाते है ...
बेरुख़ी से बेरुख़ी मिलकर , बेरुख़ी खिल्ल जाती है ...
फिर बेरुख़ी प्यार के गीत सुनाती है ..बेरुख़ी में जी कर धूप छाव
बन जाती है ..
फिर बेरुख़ी बिन बादल बारिसो के गीत सुनाती है ...
बेरुख़ी आँखो से होते हुए दिल में उतर जाती है
फिर अपना बनकर खुशियों से नींद चुराती है ...
फिर बेरुख़ी प्यार की दो गीत सुनाती है"

14. बेमंज़िल

"कभी कभी सब बेमंज़िल होता है ...
ना कोई रास्ता होता है , ना कही पहुँचने का इंतज़ार होता है
कदम राहो पर यूँही चलते रहते हैं बेमज़िल
उस सफ़र में बस एक ख़ास ख्वाहिश सी होती हैकी उन कदमों के
साथ किसी ओर के कदम भी चले बेमंज़िल
फिर उन राहो का रूखापन अच्छा लगने लगे ,
ओर कही रहने का बसेरा बनने लगे ...
जब वो साथ हो अनजानी सी बात हो ..
बे मोसम मनमानी हो ,, जो चाहे वो हो जाए ..
बिन बोले वो रात कुछ कह जाए ..
बस उनकी आँखो में ऐसा एहसास हो जाए ...
जो में ना कह पाऊँ वो बात हो जाए ..
फिर बेमंज़िल वो बात हो जाए"

15. सायाँ बने या नही

❧❧❧

"किसी का सायां बनने से पहले उसका किनारा बनना ज़रूरी होता है ...

वक्त वक्त पर अपने आप को आज़माना ज़रूरी होता है कोई साथ दे या ना दे उसका साथ देना ज़रूरी होता है .... .

सायां किसी का बनना ज़रूरी नही होता ...

पर अगर सायाँ बन गये , तो उसे निभाना बहुत ज़रूरी होता है ...

उसकी नींदो में होना ज़रूरी होता है , उसकी आँखो में आँसू आने पर रोना ज़रूरी होता है ...

दूँख में साथ होना ज़रूरी होता है ...

ख़ुशी आने पर हँसना ज़रूरी होता है ...

अगर आप किसी का सायाँ बन गये , उसके साथ हर वक्त होना ज़रूरी होता है"

16. दो पल का है ये ख़ुशियों का जहाँ

❧❧❧❧

"दो पल का है ये ख़ुशियों का जहाँ
फिर तुम मिले ओढे हुए दिल की किताब लेके
हम चल पड़े तेरे संग उलझें हुए दिल के सवाल लेके
हम तो रहे तेरे सायों का ख़्याल बनके ...
है यें आसमान तुम्हारा भीगजाए हम तेरी बारिश की बुंद में चमकती
सितारोंकीबहार बनके ...
फिर तुम यु मेरे दिल में उत्तर जाओ मेरी रातों का चाँद बनके"

17. यूँ तो हम ख़ुश है

"यूँ तो हम ख़ुश है....
पर थोड़ा सा तेरे ख़्यालों में गुम हूँ....
मै वो बात अलग है ,थोड़ा सा तुमसे दूर हूँ मैं ,
पर तेरे ख़्यालों की महक के पास हू मैं ,
यूँ तों खुश हूँ मैं"

यूँ तों खुश हूँ मैं"

18. भीड़ को देखता हूँ

"रोज चलती हुई गाड़ी से में भीड़ को देखता हूँ ..
ना जाने क्यू में खुद को उस भीड़ में देखता हूं
खुद को खो कर पाने को में रोज दोड़ता हूँ
फिर भी उस भीड़ में चलने के लिए रोज खुद को बोलता हूं
अभी उस राह पर तेज चल रहा हूं
पर उस भिड़ से उतनी ही दूर जा रहा हूँ
कभी उस भीड़ से मुलाक़ात हो जाए
मेरे कदम अपने आप उस भीड़ के साथ चल जाए"

19. गलियों की भीड़

"जब क़रीब जाने की कोशिश में था ,तेरी गलियों की भीड़ का पता
ना था
मैं लम्बी क़तार मै खड़ा सा था
देखना चाहता था तुझे पर तेरी नज़र मैं में ना था
दुनिया के शोर में मेरी आवाज दबी थी
कहना चाहता था बहुत कुछ, गलियों के शोर में गुमनाम में था..
कोशिश हज़ारों हुई थी सब बर्बाद हो गयी
मेरे इश्क़ की कहानी बिन बताए आबाद हो गयी
उसकी गलियों में शोर बहुत था
गुज़ रही थी लाखों आवज़े मेरा उनमे नाम नही था"

20. थोड़ा मेरा इंतज़ार करना तुम

"कभी मै रहु, कभी मै ना रहु...
बस मेरा इंतज़ार करना तुम
कभी जो मै रास्तों में गिर जाऊँ...
बिन बोले मेरा सहारा बनना तुम
शायद कुछ बातें मैं तुमको ना बोल पाऊँ
बस समझने की कोशिश करना तुम
जो कभी मैं गुस्से में हो जाऊँ
मुझे अपनी ज़ुल्फ़ों से मनाना तुम
शायद मैं कभी तुम्हारे ख़्यालों में आ जाऊँ
थोड़ा सा प्यार जताना तुम
कभी सर्दी की रातों में उँगलीयो से सितारों को गिनवाना तुम
है चाँद कितना रोशन ये दिखाना तुम..
मैं तुम्हारा ज़िंदगी भर साथ निभा पाऊ,,
कुछ ऐसा प्यार करना तुम..
थोड़ा मेरा इंतज़ार करना तुम"

21. ख़ुशबू से उसका रुख़ मोड़ लाना

"किसी की ख़ुशबू से उसका रुख़ मोड़ लाना...
फिर खिंच के अपने पास बुलाना
अपने आप का यूँ मुस्कुराना
फिर किसी का बिन बताए ख़्वाब दिखाना......
अपनी चमक से हमें यु जलाना
अपनी वाणी से यू गुनगुनाना...
फिर चुपके से कुछ कह जाना
बिन सोचे समझे तेरा यू प्यार करना...
हमें अपना अहसास कराना
दूर जाने पर आंसू गिराना
टुकड़ों में टूट के एक पल में दिखाना
कुछ भी ना समझ कर सब समझ जाना
यूँ तेरा मेरा हो जाना..
यू तेरा मेरा हो जाना"

22. मुझे हमदर्द बना लेना

"जब तुम्हें दर्द मिल जाए
मुझे हमदर्द बना लेना
जब हम हमदर्द बन जाए
हमें फिर से दर्द बना लेना"

23. सब याद है@

"सब याद है
वो गरजते बादल तेरी यादों के भीगे काजल

वो लहरो का आना मेरी सांसो का जाना

वो पहाड़ों का चमकना, मेरा टुकड़ों में टूटना

वो बिन बादल बारिश आना, मेरी आँखो का भीग जाना

वो आसमान में बिजली गिरना, मेरे घर का उजाला खोना

वो फ़सलो का खिलना, फिर ओस की बूँदो से मिलना

फिर तूफ़ा से लड़ना फिर फूल बनके खिलना

वो पक्षियों का उड़ना मेरे सपनो से मिलना

वो उजालो में सोना अंधरो में रोना

वो कदम के साथ कदम चलना

फिर एक पल में किसी ओर का होना
सब याद है?"

24. मेरी आँखो से तेरी आँखे यूँ इस तरहा मिल चुकी है ....

* "मेरी आँखो से तेरी आँखे यूँ इस तरहा मिल चुकी है ....
* जेसे फूलो से ओस की बूँदे सुबह ,शाम मिलती रहती है .
* तेरी मेरी ख्वाहिशें , तेरी मेरी साजिसे , खुद में यूँ आ बसी है ...
* तेरे आसमान की किरण , मेरी शामों में यूँ घुल चुकी है ...
* तेरी आँखे यूँ ,मेरी आँखो से इस तरहा मिल चुकी है ..
* तू जो हर घड़ी , मेरी आँखो में शामो सुबह मिल चुकी है
* मेरी आँखो से ,तेरी आँखे यूँ इस तरहा मिल चुकी है"

25. धूल आज भी वही है

"जिन पन्नो को मैंने नया समझ कर रखा था
उन पर धूल आज भी वही है
जिसको हमने दूर किया था अपने आप से
उसके ख़ास पल आज भी यही है
होना था जुदा मुझे उनसे,
पर क्या करे आज भी उनका साथ वही है"

26. दिल से दिल मिलाना तुम

"मेरी राहे जो तेरी राहो से मिले तो चेहरे पर मुस्कराहट लाना तुम ..

मेरे रंग जो तुम्हारे रंग में मिलने लगे तो अपने आप को मेरा बताना तुम .....

बहने लगे मेरी हवाए तेरे आस पास तो मेरी हवाहो को अपने बदलो से मिलाना तुम .....

बाते कम हो चाहे , उसमें में भी दिल से दिल मिलाना तुम ...

जब भी तेरे आस पास हूँ में, मेरी आँखो से अपनी आँखे मिलाना तुम"

27. यू मुस्कान सी आंख हो अपनी

"यू मुस्कान सी आंख हो अपनी
कभी आसु न आए उसमे
तेरे मेरे आसमान में चाँद तारे यू ही रोशन हो
तू भले ही दूर हो
तेरा प्यार यू ही मेरा पास हो"

28. Thank you

"कभी-कभी हर कोई हर बार जीवन में खुशियां चाहता है पर जब तक दर्द नहीं आयेंगे खुशी की कीमत नहीं होगी दर्द से बडी खुशी होता है, क्योंकि दर्द में खुशी होना हो खुशी में दर्द, ज़रूर होता है...."
Be happy always...

<u>Thank you</u>

<u>Ritik jangid</u>

Ulahs